Direction de la publication :
Isabelle Jeuge-Maynart et Ghislaine Stora
Direction éditoriale : **Catherine Delprat**
Édition : **Bethsabée Blumel**
Maquette : **J²Graph**
Illustrations : **Thinkstock**
Lecture-correction : **Danielle Roque**
Couverture : **Anna Bardon**
Fabrication : **Geneviève Wittmann**

ISBN 978-2-03-590546-8
© Larousse 2015

Imprimé en Italie par L.E.G.O.S. p. A., Vicenza
Dépôt légal : janvier 2015-315411/01 – 11029070

LES MINI LAROUSSE

Les 50 règles d'or pour
bien gérer ses émotions

Jean-Yves Arrivé

LAROUSSE

21 rue du Montparnasse 75283 Paris Cedex o6

Qu'est-ce qu'une émotion ?

« J'ai eu une de ces peurs, je ne t'avais pas entendu rentrer » ; « Je me suis mise à sauter de joie »...

Ces phrases simples expriment un vécu complexe. Une émotion est déclenchée par un événement, qu'il soit réellement vécu, remémoré ou même imaginé.

Les manifestations physiologiques sont quasi immédiates : « J'ai eu la chair de poule » ; « J'avais le souffle coupé » ; « Je riais, je chantais, je ne pouvais plus m'arrêter ».

L'impact sur le comportement n'est pas loin non plus : « Je me suis senti léger, plus rien ne pouvait m'atteindre » ; « Je suis resté prostré pendant de longues minutes » ; « Il m'a bien fallu dix minutes pour reprendre mon souffle ».

Le déclenchement de l'émotion est rapide, sa durée limitée. Pour autant, il est difficile d'en prévoir les manifestations, car elles varient d'une personne à l'autre.

Distinguez émotion et sentiment

L'émotion survient de manière imprévue, le sentiment est un état affectif complexe et durable.

L'émotion est liée à un événement précis et ne dure pas. Si vous n'obtenez qu'un 8 aux examens alors que vous vous attendiez au moins à un 12, votre déception est visible, mais, quelques heures plus tard, tout cela est loin de vous. Vous vous préparez pour la prochaine session ! Il s'agit d'une émotion. **Si, en revanche, vous abordez systématiquement chaque épreuve avec anxiété, persuadé que vous allez échouer,** il ne s'agit plus d'une émotion mais d'un sentiment qui s'inscrit dans la durée, mêlant tristesse, peur et mauvaise estime de soi, et qui peut être vécu en l'absence d'un élément déclencheur.

Les sentiments durent plus longtemps que les émotions et leur intensité est moins forte. Ils peuvent agir en permanence et sans que nous en soyons conscients.

RÈGLE 3

Comprenez les mécanismes émotionnels

Une émotion est déclenchée par un stimulus, une perception sensorielle qui peut être concrète ou générée par une pensée.

La réponse organique est immédiate. **L'Homme est avant tout un animal.** Il est programmé physiologiquement pour faire face aux dangers réels ou supposés : il attaque, il se replie et se protège.

DÉTERMINISME BIOLOGIQUE

C'est alors toute une mécanique biologique qui se met en route : accélération du rythme cardiaque et de la transpiration, dilatation des pupilles, ralentissement du cycle digestif, sécrétion d'hormones spécifiques... lorsque l'émotion est stimulante.

Une émotion apaisante pourra engendrer des réactions inverses. Ce sont les systèmes sympathique et parasympathique qui agissent sous le contrôle de notre cerveau, plus précisément de notre système nerveux central.

RELATIVISME CULTUREL

Mais l'Homme est aussi un être qui s'inscrit dans une culture. **Si les émotions sont universelles, leurs manifestations varient selon que l'on est un homme ou une femme,** Asiatique, Africain ou Européen...

Nous sommes tous concernés par les mécanismes émotionnels, mais nos réponses comportementales varient en fonction de notre culture, de nos représentations, de nos croyances.

Réprimer ses réactions émotionnelles est bien souvent négatif et fréquemment le résultat de commandements stéréotypés : « Tu es grand, tu ne dois plus avoir peur » ; « Une fille pleure plus souvent »...

Les éducateurs cherchent ainsi à modeler des comportements qui leur semblent inadaptés, réprimant alors, sans s'en rendre compte, des mécanismes émotionnels qui sont d'ores et déjà enclenchés. L'enfant, puis indirectement l'adulte, est face à un dilemme insoluble : répondre à l'attente des parents ou laisser s'exprimer les mécanismes neurophysiologiques de son organisme.

RÈGLE 4

Identifiez
vos émotions

Il est assez facile de repérer les quatre émotions de base reconnues par les chercheurs : la colère, la peur, la tristesse et la joie.

LES QUATRE ÉMOTIONS DE BASE

• **La colère :** qu'elle se manifeste chez le nourrisson ou chez l'adulte, **elle peut être intense, bruyante.**

C'est la réponse à un refus ou à un sentiment d'agression, d'injustice.

Elle peut durer quelques minutes, mais parfois beaucoup plus. Vous avez appris à la contrôler, à limiter vos comportements agressifs.

• **La peur :** elle a jalonné votre vie enfantine. Peur d'être abandonné, peur du noir, d'un chien, d'une personne en particulier...

Au fil du temps, vous avez « domestiqué » ces peurs, mais il n'est pas impossible qu'un certain nombre d'entre elles restent tapies dans l'ombre et réactivent des comportements qui peuvent sembler irrationnels.

• **La tristesse :** une mauvaise nouvelle, un échec personnel, l'éloignement ou la perte d'un être cher sont autant de situations déclencheuses.

La tristesse est nécessaire, car elle est une étape du processus d'acceptation, de deuil. Cet espace transitionnel vous permet d'intégrer le changement.

• **La joie :** c'est une émotion positive qu'il nous faut sans cesse cultiver, même si ce n'est pas forcément inscrit dans notre culture judéo-chrétienne.

C'est la réponse à une situation d'amour, de complicité, d'échange, de réalisation de soi, de sentiment d'appartenance à un groupe...

Pourriez-vous vous remémorer la dernière fois où vous l'avez vécue ?

À ces émotions de base sont parfois ajoutés **la honte** et **le dégoût**.

On parle alors plutôt d'« émotions secondaires » ou d'« émotions mixtes » : la honte est un mélange de peur et de colère non exprimées et plutôt retournées contre soi.

RÈGLE 5

Servez-vous du langage du corps

Le langage du corps
et particulièrement le visage sont
très utiles pour décrypter les émotions.

La colère

- **La colère** s'accompagne d'une sécrétion massive d'adrénaline permettant le passage à l'action. Le visage devient rouge, la respiration s'accélère, la tension artérielle s'élève.

- **La peur** dirige prioritairement le sang vers les muscles moteurs, ce qui explique la pâleur du visage. Notre corps est placé en état d'alerte générale.

- **Le sourire** qui accompagne la joie est spécifique : un muscle qui entoure l'œil (l'orbiculaire) se contracte et les sourcils s'abaissent.

• **Durant la tristesse,** les sourcils sont en position « oblique », les commissures des lèvres s'abaissent, la personne est plus tassée, ses gestes pesants.

La tristesse

• **Le dégoût** s'accompagne d'une grimace universelle, même si ce qui dégoûte varie selon la culture : les vers grillés qui craquent sous la dent ravissent les Thaïs mais font fuir les Européens !

La joie

Le dégoût

RÈGLE 6

Repérez les émotions parasites

Tout comme le panneau annonçant
« Un train peut en cacher un autre »,
une expression émotionnelle apparente
peut masquer l'émotion véritablement vécue.

Ainsi, une colère peut masquer une peur, une attitude joyeuse cacher une déprime. On peut aussi faire bonne figure face à une critique alors que l'on est vexé ou en colère…

Ces comportements sont des mécanismes de défense. Les dépister permet d'y substituer une réponse adaptée qui autorise l'expression de l'émotion d'origine, avec un discours et un comportement qui peuvent être acceptés par l'autre.

Une émotion qui, au lieu d'être une réponse de courte durée à un stimulus identifié, est vécue très intensément, s'installe et devient aussi une émotion parasite.

Souvenez-vous que l'émotion est de courte durée

RÈGLE 7

Géraldine est triste depuis plusieurs semaines car elle a raté un examen important.

En analysant la situation, Géraldine comprend qu'elle n'a peut-être pas assez travaillé, mais le doute s'installe. Elle n'est plus certaine d'être capable de réussir son année universitaire, elle appréhende les prochains examens et a du mal à trouver le sommeil. Elle n'a plus d'appétit.

L'émotion de départ, la tristesse, s'est installée. Ce n'est plus une émotion. Certes, il y a eu échec au départ. Mais Géraldine avoue qu'elle a souvent manqué de confiance en elle et qu'elle a toujours appréhendé l'échec au cours de sa vie scolaire et universitaire.

Une émotion qui dure se transforme en sentiment, voire en pathologie. Dans le cas de Géraldine, la tristesse est devenue une souffrance installée.

Comprenez la complexité des émotions

Sans doute êtes-vous surpris que l'on ne cite pas ici certaines émotions comme la honte ou le mépris...

Honte et mépris sont d'ailleurs plutôt des sentiments, car ils vous habitent en permanence et remontent souvent à la surface.

QUAND ÉMOTIONS ET SENTIMENTS SE MÊLENT

Nous avons parlé jusqu'ici des émotions dites « primitives » ou « de base ».

Et, tout comme les couleurs se combinent sur la palette du peintre, les émotions et les sentiments se mêlent en nous tout au long de notre vie.

Il devient donc parfois difficile de s'y retrouver. C'est d'ailleurs pour cela que certaines personnes choisissent d'engager un travail thérapeutique.

• **La jalousie, par exemple, est déclenchée par la peur :** le jaloux a peur d'être abandonné, de ne pas être à la hauteur pour garder l'être aimé.

• **La honte est une combinaison complexe de peur et de colère :** la personne qui a honte a souffert de moqueries et a peur de s'y retrouver à nouveau confrontée.

La personne étouffe sa colère par crainte d'avoir des réactions démesurément violentes et elle ne sait pas comment s'affirmer simplement.

• **Le mépris combine aussi colère et peur :** la personne qui méprise masque une colère due à une blessure, à une insatisfaction. Par crainte de montrer ce qu'elle ressent réellement, elle feint d'être « au-dessus de tout cela ».

Tout au long de cet ouvrage, vous pourrez non seulement identifier les émotions qui vous perturbent et vous font parfois souffrir, mais aussi trouver des moyens pour les tenir à distance. Vous vous sentirez ainsi progressivement mieux dans votre vie quotidienne.

RÈGLE 9

Affirmez-vous sans vous énerver

Parmi les attitudes défensives, l'énervement, vécu comme agressif par l'autre, est assez répandu.

L'énervement engendre le plus souvent une réaction similaire en face et, soit le ton monte, soit l'interlocuteur se transforme en victime et n'ose plus ouvrir la bouche…

Et, dans quelques heures ou quelques jours, la même situation se représentera !

COMMENT REMÉDIER À L'ÉNERVEMENT ?

Commencez par repérer l'agent activateur qui est à l'œuvre, en identifiant les situations qui vous énervent :

1. **Vos enfants ne sont pas prêts à partir** en même temps que vous.
2. **Votre collègue ne vous a pas remis le document urgent** que vous attendiez.
3. **Votre époux n'a pas ramené les courses** que vous aviez commandées.

Vous êtes énervé par l'indisponibilité de l'autre. **Mais avez-vous bien précisé quelles étaient vos attentes ?**

1. **Avez-vous précisé à vos enfants** que c'était à 11 heures que vous souhaitiez partir ? Si vous vous manifestez au dernier moment, ça va forcément mal se passer.

2. **Avez-vous dit à votre collègue** à quel moment vous aviez besoin de votre document ? Ce qui est urgent pour vous ne l'est pas forcément pour lui.

3. **Avez-vous rappelé** que les courses étaient disponibles ce soir à la supérette ? Si c'est évident pour vous, cela ne l'est pas forcément pour lui.

Les « évidences » sont une source de mauvaise communication et de conflits potentiels.

MON CONSEIL

Pour éviter l'énervement, anticipez, exprimez clairement vos besoins, vos attentes, vos délais. N'hésitez pas à rappeler l'échéance en cours de route et... respirez !

Repérez les signes avant-coureurs !

Avez-vous identifié les émotions qui surgissent le plus souvent dans votre vie ?

Pour aller plus loin et tenter d'enrayer la mécanique, repérez ce qui se passe juste avant que l'émotion ne surgisse.

Voici un exemple qui vous permettra de comprendre comment cela fonctionne.

STÉPHANIE ET « L'EFFET ÉLASTIQUE »

Stéphanie se met régulièrement en colère au travail et cette réputation lui colle à la peau, malgré des qualités professionnelles unanimement reconnues.

En travaillant sur les facteurs déclenchants, elle s'aperçoit que, dès qu'on lui demande de faire un effort sur un aspect de son activité, dès qu'elle entend une remarque négative, même bénigne, elle s'énerve et devient agressive.

Elle est victime de ce que l'on appelle, en analyse transactionnelle, un effet « élastique », pour

désigner des situations actuelles qui, parce qu'elles sont évocatrices de situations passées, déclenchent un comportement inadéquat.

Stéphanie retrouve la situation de son enfance qui explique ses colères actuelles.

Alors qu'elle était une excellente élève, en CM1, sa relation avec son institutrice avait été exécrable et sa mère lui avait dit de ne pas écouter cette maîtresse et même de contester ses critiques qui étaient, selon elle, injustifiées.

Cette situation au fond assez banale a engendré chez Stéphanie, de manière inconsciente, une incapacité à accepter la critique.

Stéphanie en a pris conscience, elle est devenue vigilante et la situation s'est grandement améliorée, à la grande surprise de son entourage professionnel !

MON CONSEIL

Comme Stéphanie, si une émotion est récurrente dans votre comportement – peur, tristesse, colère... –, n'hésitez pas à partir à la recherche de l'« élastique » et à vous faire aider si nécessaire.

Acceptez une émotion pour mieux la gérer

Le refoulement fait partie de nos mécanismes de défense et parfois, à notre insu, il prend les commandes.

Le refoulement se produit lorsque s'élève en nous une émotion que nous refusons de ressentir.

HISTOIRE DE MARC ET DE MARIE

Marc a la réputation d'être un homme serviable, d'une gentillesse à toute épreuve. D'ailleurs, on peut tout lui demander : rester plus tard pour remplacer un collègue, sortir le chien quand la famille est rassemblée devant le téléviseur...

Souvent, Marc a le sentiment qu'on se sert de lui de façon abusive, mais il n'en dit rien. Il a parfois de violentes migraines, et des cauchemars au cours desquels il se comporte avec une grande violence qui trouble son sommeil.

En fait, il n'est pas capable d'exprimer sa colère contre ce qu'il vit comme une injustice, sa lassitude d'être celui qui se sacrifie.

Marc doit accepter son insatisfaction et l'agressivité qu'elle engendre. **Il devra apprendre à dire non,** à rappeler aux autres que les tâches doivent être partagées équitablement, à exprimer ce qu'il ressent et à proposer des solutions de rechange qui lui permettront de mieux vivre sans altérer la qualité de sa relation aux autres.

Marie est très triste en ce moment, à la suite de l'hospitalisation de sa meilleure amie. Mais, au travail, elle se force à faire bonne figure et à jouer son rôle habituel de boute-en-train.

Elle pourrait pourtant tomber le masque et parler de ce qu'elle vit.

PRENDRE CONSCIENCE DE SES ÉMOTIONS

Colère, tristesse, peur, honte... **identifiez les émotions qui vous gagnent et que vous avez tendance à refouler.** Acceptez dans un premier temps de les nommer, puis de repérer ce qu'il serait possible de faire ou de dire pour que l'émotion soit mieux gérée, pour vous et pour votre entourage.

RÈGLE 12

Profitez des petites joies du quotidien

Et si vous vous intéressiez à la fameuse bouteille à moitié pleine au lieu de vous fixer sur celle qui est à moitié vide ?

Pourtant, c'est bien de la même bouteille qu'il s'agit ! **Vous centrer sur le positif vous aidera à mieux vivre tous les moments de votre vie, y compris les plus difficiles.**

Certes, ce matin, vous avez eu des problèmes dans les transports, mais cela se produit-il si souvent ? Votre collègue est un peu grognon et vous fait la tête ? Oui mais ce midi, vous déjeunez avec celle qui est toujours souriante et enjouée…

N'hésitez plus : découvrez dès aujourd'hui les bienfaits de la pensée positive. Comme l'écrit l'auteure américaine Anne Bradstreet : « Si nous ne goûtions pas à l'adversité, la réussite ne serait pas autant appréciée. »

[26]

Méfiez-vous des réactions impulsives

Souvent, la colère et la peur poussent à agir de manière impulsive et irraisonnée.

Dans certaines situations, la colère peut avoir des conséquences catastrophiques. Qui n'a pas regretté d'avoir envoyé un message électronique écrit sous l'effet de la colère, avec toutes les conséquences que cela peut entraîner. Mieux vaut préparer une réponse, la classer et, une fois la colère passée, relire le message et le modifier si nécessaire.

Lorsqu'on a donné une réponse trop rapidement, plus vite on la corrige, mieux cela vaut, pour soi-même ou pour les autres, que l'on risque de blesser en agissant sans réfléchir.

Méditez ce proverbe : rien ne sert de courir, il faut partir à point. **Et n'oubliez pas la sagesse populaire qui invite à tourner sept fois sa langue dans la bouche avant de parler.**

Maîtriser ses impulsions, c'est (presque) aussi simple que cela.

Préparez-vous
à vaincre le trac !

Le trac est une réaction sous-tendue par le
manque de confiance en soi. Fort heureusement,
même s'il est très pénible, il ne conduit
que rarement à l'inhibition complète.

Identifiez les situations qui génèrent en vous le trac :
passer un examen, prendre la parole en public,
partir seul en vacances à l'étranger...

Voici, par exemple, comment vous préparer à la
prise de parole en public. Vous pourrez aisément
l'adapter aux situations qui vous concernent.

PRISE DE PAROLE EN PUBLIC, MODE D'EMPLOI

• Imaginez-vous en situation de manière positive.
Les personnes vous écoutent attentivement, leurs
regards sont bienveillants, elles vous applaudissent
à la fin de votre intervention. Vous pouvez avoir
confiance en vous.

• Puis, préparez-vous, de façon assez souple :
évitez d'écrire un texte détaillé qui vous obligerait

à rester collé à votre papier. Rédigez les premières phrases, un plan détaillé avec des mots clés, cela suffira.

• **Demandez à un proche ou à un collègue de vous aider à vous préparer.** Son feed-back, ses quelques suggestions, ses questions vous prépareront aux réactions de votre auditoire.

• **Juste avant votre intervention, évitez de relire vos notes,** faites plutôt le vide dans votre tête et relaxez-vous.

• **Travaillez votre respiration, c'est essentiel.** Fermez les yeux, posez une main sur votre poitrine et l'autre sur votre diaphragme, inspirez profondément par le nez, puis expirez doucement.

• **Répétez plusieurs fois ce geste antistress avant l'intervention,** et continuez à inspirer et expirer en conscience tout au long de votre prise de parole.

Et s'il demeure quelques maladresses, une petite hésitation, cela n'en sera que plus authentique et vous rendra plus sympathique !

Apprenez
à vous relaxer

Plus vous serez relaxé, mieux vous ferez face aux situations émotionnellement fortes.

Vous pourrez anticiper en pratiquant quelques exercices avant un moment stressant – un examen, un entretien difficile... Cela vous permettra en outre de récupérer plus vite.

IL EXISTE DES TECHNIQUES VARIÉES POUR SE RELAXER

Visualisation, exercices respiratoires, yoga, relaxation musculaire progressive... peuvent vous aider à vous détendre et à activer les mécanismes de relaxation naturels de votre corps.

Pratiquées régulièrement, ces activités conduisent à une réduction progressive de votre niveau de stress quotidien. Elles vous apprendront à rester plus calme et plus serein face aux événements!

VOICI UN PREMIER EXERCICE

• **Installez-vous dans un endroit où vous serez sûr de ne pas être dérangé,** dans une tenue souple et confortable (pas de col serré ni de ceinture...).
• **Allongez-vous sur un tapis ou sur le sol, s**ans coussin ni oreiller, sur le dos, les jambes légèrement écartées et les bras le long du corps.
• **Commencez par vous concentrer sur votre bras** (droit ou gauche) et répétez mentalement « mon bras est chaud », jusqu'à ce que vous sentiez une sensation de chaleur au niveau de ce bras.
• **Une fois le résultat atteint, reproduisez le même exercice avec l'autre bras,** puis successivement avec les deux jambes.
• **Vous pouvez utiliser d'autres phrases** comme « mon bras est lourd » ou « mon bras est léger ». Le résultat n'est pas immédiat, mais ne vous découragez pas, recommencez l'exercice plusieurs fois jusqu'à obtenir un résultat satisfaisant.

Parlez de vos peurs !

Bonne nouvelle, il est normal d'avoir peur !
Cette émotion adaptative vous alerte
sur un danger, sur un risque.

• **La peur est une réaction courante face à l'inconnu,** qui permet d'anticiper ce qui va venir et éventuellement de s'y préparer.
• **La peur donne l'alerte à tout notre organisme,** qui se prépare à donner la réponse la plus appropriée : se protéger en restant immobile, fuir, aller chercher de l'aide, attaquer...

EXPRIMER SES PEURS

Il est important de ne pas cacher cette peur, de la laisser s'exprimer et de la verbaliser après l'événement. Dans notre culture, la peur est souvent mal perçue, et cela s'exprime dans les injonctions parentales dès la petite enfance. Les adultes ont tendance à ne pas accueillir positivement les peurs enfantines, avec de bonnes intentions certes, pour aider l'enfant « à grandir ».

Mais, malheureusement, les résultats sont rarement positifs. L'enfant se retrouve face à un dilemme : continuer à exprimer ses craintes et perdre l'estime de son entourage, ou essayer de cacher ce qu'il ressent !

Le risque est de cristalliser ces peurs qui demeureront chez la personne devenue adulte, mais de manière plus ou moins inconsciente.

ACCEPTER SES PEURS

Il est préférable de les accepter, d'accompagner l'enfant pour lui permettre de constater par lui-même que ses craintes ne sont pas fondées et de l'aider ainsi à dépasser ce type de situation à son rythme.

Si vous ressentez encore des peurs et qu'elles vous inhibent, qu'elles vous dérangent dans votre vie quotidienne, n'hésitez pas à vous en ouvrir à une personne de confiance dans votre entourage, voire même à un psychologue qui pourra vous aider, par un travail approprié, à les dépasser.

En parler, c'est déjà aller mieux !

Dépassez la crainte du jugement

« Non, je ne vais pas postuler pour ce job, on ne va pas me trouver à la hauteur. »

« Avec de telles notes, mon père va encore me dire que je suis nul »... Voilà le type de crainte qui se manifeste fréquemment.

QU'EST-CE QUI EST ALORS EN JEU ?

Bien souvent, cette crainte naît de la projection que l'on fait sur l'autre de la mauvaise image que l'on a de soi. Lorsque je ne m'estime pas, je ne crois pas en moi, j'ai tendance à attribuer ces pensées à mon entourage.

Bien sûr, cette mauvaise image peut être le résultat de phrases critiques, blessantes qui vous ont été adressées durant votre enfance et qui peuvent vous avoir profondément marqué. Mais, devenu adulte, vous devez parvenir à dépasser cela, à devenir résilient.

LE JUGEMENT EST SANS FONDEMENT

Tout d'abord, vous ne devez plus accepter les jugements. La seule chose acceptable est l'évaluation, et la différence entre les deux est considérable.

Un jugement est une affirmation définitive, parfois même imprégnée de morale, qui est opposée violemment à l'autre :

• « Tu ne réussiras jamais dans la vie » ;
• « Elle est trop vulgaire » ;
• « Comment peut-on être aussi nul ? »...

La liste est longue.

REPRENONS DANS L'ORDRE

« Tu ne réussiras jamais dans la vie » : réussir quoi ? Dans quels délais ? C'est quoi « réussir » ? Tout dépend de nos valeurs, de nos représentations. Rien de factuel ne donne du crédit à cette phrase : c'est un jugement et, en cela, il n'est pas acceptable.

« Elle est trop vulgaire » : pourquoi ? Elle porte une minijupe ? Elle a les cheveux teints en rouge ? Vulgaire par rapport à quels critères ? Sans doute par rapport aux normes et aux valeurs de celui qui porte le jugement.

Ne l'acceptez pas !

L'ÉVALUATION REPOSE SUR DES CRITÈRES FACTUELS ET PRÉCIS

La nuance est appréciable entre « Elle est tout le temps en retard » et « Elle est arrivée cinq fois en retard ce mois-ci et cela me déplaît » : voilà qui a le mérite d'être clair. C'est une évaluation quantifiée !

Quant à : « Il ne fera jamais rien dans la vie », je l'ai entendu dans la bouche de mon instituteur il y a 50 ans... Et pourtant, tout va bien, merci. J'estime avoir réussi et c'est bien là le plus important, puisqu'il n'y a aucun critère objectif de réussite.

Mais je reconnais que le système éducatif n'était pas fait pour moi, et que ce qu'il me reprochait, c'était sa propre impuissance...

À bon entendeur !

Visualisez, dessinez une émotion

Les techniques de créativité peuvent vous aider à travailler sur vos émotions.

S'il vous est difficile de comprendre l'émotion que vous ressentez dans une situation précise, **pourquoi ne pas la dessiner ?** Le dessin peut être figuratif ou utiliser simplement des formes et des couleurs.

• **Représentez ce qui vous met mal à l'aise.**
• **Observez les formes et les couleurs choisies.** Quelles tailles ont-elles ? Sont-elles visibles ? Sombres ou lumineuses ?
• **Dessinez ensuite la situation idéale.**
• **Observez votre dessin** en respirant lentement. Fermez les yeux.
• **Inspirez en visualisant ses couleurs** et ces formes qui pénètrent en vous.
• **Puis expirez longuement en visualisant les couleurs** et les formes du dessin d'origine qui s'éloignent de vous.
• **Répétez régulièrement** cet exercice.

Repérez une phase
de déprime

Le mot « déprime » recouvre des situations très différentes qui relèvent toutes du champ de l'anxiété, de la tristesse.

Chacun peut traverser des phases où il se sent moins en forme, où l'envie d'agir est moins forte, où l'on est moins satisfait de soi-même.

DÉPRIME OU DÉPRESSION?

Un moment de déprime peut être lié à des phénomènes saisonniers (entrée dans l'hiver) ou à des fatigues passagères.

Si c'est le cas, rien de grave! Luminothérapie, vitamine C, repos, une ou deux activités pour se faire plaisir et les symptômes seront vite oubliés.

Si en revanche vous conjuguez nettement et sur la durée au moins **trois de ces facteurs** :

• **problèmes de sommeil récurrents** (troubles de l'endormissement ou insomnies du petit matin);

• **fatigue permanente, manque d'énergie** ;

- agitation, impatience, incapacité à rester assis ;
- **difficulté à réfléchir,** à vous concentrer ;
- **attirance pour la mort** ou la souffrance ;
- **pleurs fréquents,** parfois pour des raisons inexpliquées ;

il est alors conseillé de consulter un médecin pour poser un diagnostic et vous proposer un traitement adapté.

UNE AIDE NÉCESSAIRE ET ADAPTÉE

Même si vous identifiez une cause précise (deuil, grave échec...), il s'agit peut-être bel et bien d'un épisode dépressif qui débute. Dans ce cas, il est dangereux de penser qu'on va s'en sortir seul et qu'il suffit d'attendre.

Le soutien médical dont vous avez besoin pourra être trouvé. Le choix est large entre **l'homéopathie, la naturopathie, les anxiolytiques** et **les antidépresseurs,** et peut-être aussi **l'aide psychologique** nécessaire pour passer ce cap.

Mettez-vous à l'écoute de vos intuitions

Cela va sans doute choquer quelques esprits rationnels mais vous devez écouter vos intuitions.

Le mot « intuition » signifie étymologiquement **« regard intérieur ».**

QU'EST-CE QUE L'INTUITION ?

L'intuition est une sorte de compréhension immédiate, qui semble ne pas passer par la voie de la raison. Elle vous paraît parfois complètement évidente, et pourtant vous seriez bien incapable d'en justifier la pertinence. Est-ce une raison pour l'écarter ? Eh bien non !

LE BIEN-FONDÉ DES INTUITIONS

De nombreuses études scientifiques montrent que nous mémorisons des informations, des perceptions, des sensations sans en avoir conscience.

Les intuitions seraient des synthèses, des combinaisons de tels éléments qui se formeraient à notre insu au niveau du cerveau, par analogie avec la situation vécue. Bien sûr, l'intuition a ses limites, car chaque situation est spécifique. Il convient donc de ne pas passer à l'acte sans « travailler » cette intuition et de la passer au crible du factuel. Mais surtout, ne la balayez pas d'un revers de main au motif qu'il faut s'en méfier.

À QUOI SERVENT LES INTUITIONS?

Laissez de côté vos peurs et permettez-vous de découvrir votre potentiel créatif, votre capacité à vous adapter aux changements.

Observez ce qui se passe chaque fois que vous avez une intuition.

• **Était-elle juste ?**
• **Avez-vous eu raison de la suivre** ou au contraire de vous en méfier ?
• **Vous apprendrez ainsi progressivement à vous en servir** de façon de plus en plus adaptée.

Si vous y parvenez, les émotions positives seront aux commandes et vous en tirerez très vite des bénéfices tangibles.

RÈGLE 21

Dépistez les pensées irrationnelles...

Vous avez, comme tout un chacun, observé que, parfois, des pensées irrationnelles déclenchées par des situations émotionnelles spécifiques surgissent en vous.

Pour pouvoir réduire l'impact de ces pensées irrationnelles, il faut tout d'abord les dépister.

En voici quelques-unes. Identifiez la fréquence et l'intensité (rare, fréquent/faible, fort) avec laquelle chacune d'elles survient chez vous.

• **Je ne peux pas échouer,** si j'échoue ça sera terrible et très pénible à vivre.

• **Je m'inquiète beaucoup** de ce que les autres pensent de moi.

• **Je ne supporte pas que les autres ne soient pas d'accord avec moi** et ça me met en colère.

• **Il existe des solutions parfaites pour chaque problème** et je dois forcément les trouver rapidement.

• **Je préfère éviter les situations difficiles,** les responsabilités, plutôt que les affronter.

• Si je ne m'engage pas dans des relations, amicales ou amoureuses, je ne serai jamais blessé, malheureux.
• C'est à cause de mon passé que je souffre aujourd'hui et je ne peux plus rien y changer.
• Dans une situation négative, j'essaie toujours de trouver un responsable.
• S'engager dans l'inconnu, c'est prendre des risques trop importants. Je préfère me contenter de ce que je vis.
• Je ne fais que rencontrer des gens négatifs et qui me posent des problèmes. C'est mon destin !

RÉSULTAT

• Aucune de ces pensées négatives ne vous concerne ? Bravo, ne changez rien.
• Si vous en avez identifié plusieurs, en revanche, retenez celle sur laquelle vous souhaitez travailler prioritairement, soit parce qu'elle revient très fréquemment et vous gêne dans votre vie quotidienne, soit parce que son intensité est très forte et qu'elle vous paralyse lorsqu'elle prend le contrôle.

Après l'introspection, place à l'action dans la règle suivante !

... et apprenez à les tenir à distance !

Après avoir identifié une difficulté, il est essentiel de mettre en place un plan d'action pour progresser.

On sait ce que valent les bonnes résolutions non mises en œuvre sur le champ ! Je vous propose de reformuler chaque pensée négative identifiée, d'indiquer quels sentiments inappropriés elle engendre et les pensées plus adaptées à faire émerger à la place, ainsi que quelques initiatives qui favoriseront la réussite du processus.

CAS PRATIQUE

Pour vous y aider, le cas de Quentin, 32 ans, adjoint au responsable du service paie d'une PME et en cours de coaching.
• **Pensée négative de Quentin :** « Je pense que les autres ne s'intéressent jamais à moi, m'ignorent. Je suis très perfectionniste et je ne supporte pas un échec. »

• **Sentiment inapproprié :** profonde tristesse ; sentiment de rejet ; anxiété ; tendance dépressive ; subit un fort stress pendant la journée.

• **Pensée plus adaptée :** Quentin est préoccupé et déçu. Il a le désir de faire de nouvelles rencontres ; il se sent frustré de ne pas pouvoir tout réussir. Et a des regrets face à ses échecs.

• **Que devrait faire Quentin ?** Quentin devrait prendre l'initiative d'inviter une ou deux personnes, des relations qui l'impressionnent. Il devrait oser parler de ses échecs à un collègue ou un ami. Il doit se donner le droit de rendre sous conditions un travail imparfait.

RÉSULTATS DU COACHING

Progressivement, Quentin apprend à relativiser, à prendre du recul. Il comprend que son attitude de retrait n'incite pas les autres à venir vers lui. Il est surpris de découvrir que, quand il prend l'initiative du contact, ça se passe bien et que ses collègues sont enchantés de mieux le connaître. Il a découvert aussi que ses « échecs » n'étaient pour eux que des erreurs ou des « ratés » comme chacun en connaît.

À vous de jouer !

RÈGLE 23

Dépassez votre timidité

La timidité se manifeste par une difficulté à entrer en contact avec l'autre.

On qualifie souvent la timidité de « phobie sociale » ou d'« anxiété sociale ».

COMMENT SE MANIFESTE LA TIMIDITÉ ?

Il y a bien sûr des degrés, de la simple crainte de la rencontre, qui passe en quelques minutes, à une véritable peur, persistante et irrationnelle, face à une situation sociale.

Comme pour les peurs, qui peuvent aller de l'inquiétude à l'angoisse, il y a un registre de la timidité qui, à l'extrême, peut conduire à éviter toute situation amenant à une rencontre de l'autre.

Certains timides arrivent à jouer les fiers-à-bras, les personnages pleins de jovialité pour masquer ce qu'ils ressentent en paraissant très à l'aise en public. On pourrait dire que ce sont des timides qui se soignent.

D'autres, en revanche, sont tétanisés dès qu'on leur adresse la parole, quand bien même on les aborde avec la plus grande bienveillance.

VAINCRE LA TIMIDITÉ
ET BRISER UN CERCLE VICIEUX

Derrière la timidité, on retrouve un mélange de différentes sortes de peurs – peur d'être observé, d'être ridicule, d'échouer, d'être jugé – accompagné d'un sentiment plus ou moins diffus de honte, d'auto-dévalorisation, qui amène à donner au regard de l'autre une importance démesurée.

Le danger pour le timide est qu'il s'enferme dans un cercle vicieux : « J'ai le sentiment de n'intéresser personne, je me replie donc sur moi, j'évite les contacts et j'en conclus que les autres ne s'intéressent pas à moi. » C'est donc ce cercle vicieux que le timide doit briser.

Si la timidité en question est particulièrement handicapante, **il faudra un accompagnement thérapeutique,** car, pour peu que toutes les tentatives menées par le sujet lui-même échouent, sa croyance en l'inéluctabilité de sa situation se trouvera encore renforcée.

RÈGLE 24

Faites face au trac

**Vous avez le trac ? Mais de quoi s'agit-il ?
À la base, d'une peur, mais d'une peur
non rationnelle.**

À cette peur s'ajoutent des représentations sociales, une image de soi, des valeurs individuelles et collectives. Le trac s'accompagne souvent de pensées du type :
• « Suis-je capable d'y arriver ? »
• « Qu'est-ce que les autres vont penser de moi ? »
À la différence de la peur, les signaux menaçants viennent non pas de l'extérieur, mais de l'intérieur. La seule possibilité de lutter contre le trac est donc endogène.

TRAC, MODE D'EMPLOI

Dans de nombreuses situations, respirer lentement, regarder au loin droit devant soi, parler en posant sa voix... suffit à passer le cap des premières secondes et à se lancer. Le trac est alors utile, puisqu'il vous maintient en alerte et vous focalise sur votre objectif.

Ce n'est que lorsqu'il est inhibiteur de l'action, qu'il empêche de s'exprimer qu'il faut lui déclarer la guerre. Il est alors nécessaire d'explorer ce qui est en jeu.

• **Une carte mentale peut vous y aider.** Vous partez d'une question précise, par exemple : « Pourquoi ai-je le trac quand je prends la parole en public ? » « Que se passe-t-il quand je me trouve face à cette personne qui me terrorise ? »

Notez toutes les associations d'idées que ces phrases font émerger en vous.

• **Ne censurez rien, ordonnez vos réponses, reliez-les entre elles.** Cela vous permettra de prendre conscience des déclencheurs du trac sur lesquels vous pourrez ainsi avoir prise.

• **Ensuite, vous travaillerez votre plan d'action :** comment faire face plus efficacement au trac, comment éviter les situations les plus perturbantes, comment parler de ce que vous ressentez.

Vous commencerez ainsi un travail d'évolution personnelle et apprendrez à mettre de la distance avec le trac... Ce n'est peut-être pas si difficile.

Acceptez la tristesse

La tristesse est une émotion tout aussi naturelle que la peur ou la joie.

La tristesse se manifeste plus particulièrement dans des situations telles qu'une déception, une perte, un échec, un sentiment de rejet, de manque d'amour ou d'affection.

UNE ÉMOTION « NORMALE »

La tristesse est une première étape nor-male face à la situation. **Elle vous pré-pare à accepter ce qui vous arrive, vous permettant ainsi de passer à l'étape suivante :** identifier les pistes pour faire évoluer les choses, trouver de nouveaux repères, un nouvel équilibre.

La tristesse, émotion légitime, ne doit pas céder la place à la tristesse « chronique », cette incapacité à voir le verre à moitié plein qui peut devenir, au fil du temps, une incapacité à vivre pleinement.

UN MOYEN DE REBONDIR

Que votre tristesse fasse suite à une rupture amoureuse, à la perte d'un emploi, à l'échec à un examen, c'est seulement en faisant le deuil de la situation antérieure que vous pourrez découvrir les nombreuses options qui s'offrent à vous.

Une nouvelle relation peut se construire, une formation déboucher sur une nouvelle piste professionnelle, un redoublement permettre de décrocher le diplôme avec une mention.

...ET DE FAIRE LE DEUIL

N'oubliez pas, la recette est simple, mais indispensable pour avancer : il faut accepter la fin de la situation, son côté irréversible et mobiliser sa confiance en soi pour travailler à un nouveau projet, une nouvelle étape de sa vie. Toute existence est jalonnée de phases et d'épreuves. Vous seul avez le pouvoir de dessiner les contours de l'étape suivante.

Alors, abandonnez le feutre noir et choisissez les couleurs vives et éclatantes de la vie ! Et si c'est difficile d'y arriver seul, ne culpabilisez pas. L'accompagnement d'un coach ou d'un psy durant quelques séances pourra vous aider à trouver la bonne voie.

Riez au moins trois fois par jour

Savez-vous qu'une étude a révélé que
les Français riaient moins d'une minute
par jour alors qu'une seule minute de rire
équivaudrait à 30 minutes de relaxation ?

Ne pas rire suffisamment est une catastrophe
nationale. S'il y a une mesure à prendre qui ne
coûte rien et qui changerait la vie, c'est celle de
rire davantage. N'attendez pas un décret ministé-
riel, commencez dès aujourd'hui !

RIEZ, C'EST BON POUR LA SANTÉ

Par la voix du docteur Henri Rubinstein, dans la
Psychosomatique du rire, la Faculté nous apprend
que « **le rire libère des endorphines cérébrales, le
rire est un stimulant psychique,** le rire, par son action
sur le système neurovégétatif, combat le stress. »
Si j'ajoute que le rire réduirait le risque de mala-
dies cardio-vasculaires, améliorerait les fonctions
cognitives, aiderait à un meilleur sommeil et chas-

serait le stress par la production d'endorphines et la libération de dopamine, peut-être serez-vous convaincu ? Si ce n'est pas le cas, dites-vous que vous n'avez rien à perdre à essayer.

COMMENT RIRE ?

Choisissez de charger sur votre téléphone les sketchs de votre humoriste préféré, relisez vos classiques ou visionnez ce film que vous avez déjà vu vingt fois et qui ne fait se tordre de rire que vous (l'humour n'est pas universel !)

Vous avez peur de paraître ridicule dans les transports en commun en vous esclaffant ? Le ridicule n'a jamais tué personne, et cela est toujours préférable à ceux qui hurlent dans leur téléphone.

Donc, n'hésitez plus et sachez pratiquer l'auto-dérision : rire de soi est très sain, dès lors que cela n'est pas systématique et ne tombe pas dans la dévalorisation de soi.

Commencez bien la journée

Jouir de la vie, c'est accumuler
des moments de plaisir, même
si cela demande quelques efforts.

La façon dont vous débutez votre journée conditionne la suite.

• **Premier conseil : évitez de vous lever à la dernière minute.** Vous pourrez ainsi vous réveiller tranquillement et vous préparer un bon petit déjeuner, ce qui est VITAL. Tous les nutritionnistes le répètent : c'est une folie de démarrer la journée le ventre vide. **Avant de partir, n'oubliez pas la check-list :** téléphone, papiers d'identité, argent, clés... vérifiez que tout est là, cela vous évitera des stress inutiles.

• **Et, une fois en route, prenez un itinéraire un peu différent,** vous découvrirez des endroits proches que vous ne connaissez pas.

Allez, tout va bien. Même si quelques nuages assombrissent le tableau dans la journée, elle a en tout cas bien commencé !

Ménagez-vous des moments de détente

Qui veut voyager loin ménage sa monture...
On a parfois le sentiment que,
dans notre société, les activités doivent
s'enchaîner vite et sans temps morts.

Nos journalistes parlent comme des mitraillettes ; au cours d'un débat, les intervenants se coupent la parole ; on dit facilement à un enfant : « Ne reste donc pas à rien faire », « Va donc aider X ou Y ». C'est comme si l'on n'avait plus le droit de souffler, de rêver, de laisser son esprit vagabonder.

Permettez-vous de vous reposer et considérez que ces moments vous aideront à être plus efficace, à faire plus aisément face aux contraintes, aux contrariétés, aux tensions émotionnelles de la journée.

Dites stop à la tyrannie du temps et donnez-vous le droit à la rêverie, à quelques minutes de relaxation, à de la bonne lecture, préparez-vous un jus de fruits frais et savourez-le !

Endormez-vous facilement

Bien sûr, les émotions ont tendance à faire surface au moment de l'endormissement.

Aux réminiscences de nos craintes infantiles – peur de l'obscurité, de la mort… –, aussi irrationnelles que répandues, s'ajoutent les peurs liées aux tracas de la vie quotidienne.

LES RITUELS POUR BIEN DORMIR

Mais des mesures simples d'hygiène de vie peuvent vous aider à dépasser ces difficultés et à ne pas laisser l'émotionnel prendre les commandes.

Tout d'abord, les rituels et la régularité sont importants.

• **Pour une bonne hygiène du sommeil, il convient de se coucher à une heure régulière**, même si elle est un peu tardive. Vous pouvez repérer vos cycles du sommeil et les moments où vous sentez l'endormissement proche (vous bâillez, vous sentez vos paupières s'alourdir). Ne résistez pas !

• **Préparez une infusion,** prenez le temps de lire quelques pages.
• **Bien évidemment, oubliez téléphones et tablettes, jeux et autres dialogues** certes agréables, mais trop stimulants pour laisser la place à une relaxation propice à l'endormissement.

DES AIDES SUPPLÉMENTAIRES

Si le sommeil reste difficile à venir, selon vos préférences, faites appel à la phytothérapie (plantes), aux huiles essentielles ou à l'homéopathie, qui peuvent offrir une aide intéressante.

Enfin, comme dans la plupart des situations où les émotions pointent leur nez, la relaxation et un travail sur la respiration peuvent donner des résultats très rapides.

Ainsi, émotions et sentiments resteront sagement au second plan pour vous permettre de vous plonger dans un sommeil réparateur...
même si elles sont en embuscade, par exemple dans vos rêves, car l'inconscient, lui, ne s'arrête pas de fonctionner.

Surveillez votre alimentation

Que vient faire l'alimentation, dans la gestion des émotions et dans la lutte contre le stress ?

L'équilibre alimentaire contribuant à l'équilibre global de la personne et donc aussi à son équilibre émotionnel, vous devez être attentif à ce que vous mangez.

> **POUR INFO**
>
> Un esprit sain dans un corps sain, c'est ce que nous proposait Juvénal il y a vingt siècles !

QUE MANGER POUR ÊTRE BIEN ?

• Aux sucreries ou aux pâtisseries, **préférez les sucres lents** (céréales, pommes de terre, pâtes, riz...) **ou des aliments contenant du magnésium ou du lithium,** excellents agents antistress.
• Diminuez les graisses et préférez les graisses végétales aux graisses animales.
• Veillez à consommer suffisamment de « bonnes » protéines.

LES « KILOS ÉMOTIONNELS »

Les périodes de tristesse, de stress poussent à la consommation compulsive entre les repas. Or c'est souvent dans les grignotages que dominent mauvaises graisses et sucres... Prise de poids assurée ! Sans compter la fatigue ainsi infligée à l'organisme pour digérer tout ça.

En outre, grossir entraîne des troubles corporels, dégrade l'image de soi, procure de l'insatisfaction... La boucle est bouclée et les émotions négatives ont repris les commandes.

Attention aussi à l'abus de consommation de café, qui peut augmenter la nervosité, les états anxieux en fin de journée et gêner l'endormissement.

BIEN-ÊTRE ÉMOTIONNEL, BIEN-ÊTRE ALIMENTAIRE

Des repas équilibrés, copieux le matin et au déjeuner, beaucoup plus légers en fin de journée sont des alliés précieux dans la maîtrise des émotions.

La sérénité, le contrôle émotionnel sont facilités par une hygiène de vie qui évite tout ce qui peut engendrer des tensions, provoquer des agitations... L'alimentation en est un élément essentiel.

Apprenez à dire non

Enfant, vous avez tous vécu cette période où l'on découvre la liberté et le plaisir de répondre « Non ! » quelle que soit la situation ou la demande.

La sanction suit plus ou moins rapidement et plus ou moins violemment, et arrive le temps de la négociation et de l'apprentissage d'une autonomie prise différemment.

L'éducation reçue, la perception de soi amène certaines personnes à être dans l'incapacité de dire non.

Il ne s'agit pas bien évidemment de répondre non par principe, mais d'être capable d'argumenter un refus, de refuser d'aller plus loin dans une relation ou de subir un comportement agressif ou manipulateur. C'est en partie ce qui se passe dans l'assertivité (cf. règle n° 42, p. 77).

Exprimer son refus dans le respect de l'autre ne présente aucune agressivité ; ce refus est assertif. Il permet à la personnalité de mieux s'affirmer et de bien s'épanouir.

Faites-vous plaisir quotidiennement

Vous suivez quelques règles pour votre santé : manger cinq fruits et légumes par jour, renoncer à l'ascenseur pour grimper les escaliers, éviter le gâteau à la fin du repas ?

Eh bien, pour votre équilibre émotionnel, il y a aussi quelques principes à suivre. Vous en avez déjà découvert quelques-uns au travers des pages qui précèdent.

En voici un de plus : choisissez, chaque soir, une chose qui vous fera plaisir le lendemain – une séance de cinéma, la piscine après le travail, un chocolat chaud ou un jus de fruits dans le salon de thé branché à deux pas du bureau, la lecture de votre magazine préféré dans un endroit calme…

Il existe des dizaines de petits plaisirs non onéreux que vous pouvez lister dès maintenant et glisser progressivement dans votre agenda… Au rythme d'un par jour minimum, vous ne vous en porterez que mieux !

Ne culpabilisez pas inutilement

« Faites entrer l'accusé ! » Cette phrase fameuse est prononcée dans un tribunal.

Lorsque vous vous sentez coupable, vous avez l'impression que l'accusé, c'est vous ! Et qui est le tribunal ? C'est là que ça devient complexe : c'est souvent vous également !

QU'EST-CE QUE LA CULPABILITÉ ?

La culpabilité est une émotion qui repose sur la croyance, réelle ou fantasmée, qu'on porte une responsabilité personnelle dans un événement fâcheux. Elle se manifeste souvent par de l'angoisse et parfois même par une dépression. C'est en fait un mélange complexe de colère, de peur et parfois de peine.

L'EXEMPLE D'ANNE

Anne veut partir « en amoureuse » en vacances avec son mari, après une période difficile. Mais sa mère, souffrante, a exprimé le désir de partir avec eux.

Si Anne accepte, elle sait que son mari ne dira pas non, mais qu'il sera déçu. Si elle refuse, elle aura le sentiment d'avoir abandonné sa mère.

Son sentiment de culpabilité est fait d'un mélange de peur de faire souffrir sa mère et de contrarier son mari, de colère contre son impuissance à trouver une solution satisfaisante et de peine à laisser sa mère seule...

COMMENT SURMONTER SA CULPABILITÉ?

En fait, il est possible de transformer cette culpabilité en une attitude plus saine, plus assertive.

Il faut parler à ceux que vous avez l'impression de faire souffrir et leur expliquer quel est votre dilemme et le choix que vous avez fait. Peut-être comprendront-ils la situation bien mieux que vous ne l'imaginez. Si vous n'en êtes pas capable, **contentez-vous d'assumer votre décision ou d'imaginer une solution de rechange.**

Anne a choisi de ne pas partir en vacances mais de faire, durant cette période, deux fois par semaine, une sortie d'une journée seule avec son mari, pour mieux découvrir la région!

Apprenez à faire face au conflit

Et si vous changiez un peu de point de vue ? Le conflit n'est après tout que le simple constat de désaccords, de tensions entre des personnes ou des groupes.

On imagine mal que des relations puissent éviter toute tension, tout désaccord. Le souci bien sûr est la difficulté de chacun à maîtriser les émotions qui sont sous-tendues : colère, peur, tristesse, et au-delà les rancœurs, les haines parfois.

COMMENT GÉRER UN CONFLIT ?

Gérer un conflit c'est d'abord être capable de mettre à plat la situation : la problématique, les enjeux, les positions de chacun.

Il s'agit de rester factuel et c'est bien le plus difficile, à tel point que, souvent, il est fait appel à un médiateur dont c'est le rôle principal : écouter, comprendre, reformuler sont les maîtres mots de la gestion d'un conflit.

En revanche, il ne faut pas méconnaître le conflit, ou essayer de l'éviter. **Il génère des souffrances et il empêche les relations de progresser.**

SAVOIR SURMONTER UN CONFLIT

Pour permettre le dépassement d'un conflit, il faut avant tout que les uns et les autres s'efforcent de comprendre ce qui se passe entre eux et de rechercher ensemble comment dépasser la situation, plutôt que d'essayer la contrainte ou les discours persuasifs qui n'auront qu'un effet limité ou peu durable. C'est en cela que l'intervention d'une tierce personne peut faciliter les choses.

Si vous vivez en ce moment une situation conflictuelle, entraînez-vous :

• Proposez à l'autre de remplir un questionnaire permettant de factualiser la situation. (Qui fait quoi ? À qui ? Quand ? Où ? Pourquoi ? Avec quelles conséquences ?)

• Puis rencontrez-vous pour échanger les informations et travailler ensemble.

Anticipez les situations anxiogènes

C'est ce qui suscite l'anxiété
ou l'angoisse chez une personne.

L'origine d'une situation anxiogène peut être liée à :
• **un objet** (conduire en voiture, monter dans un ascenseur);
• **une situation** (prendre la parole en public, évoluer en maillot de bain);
• **une personne** (le patron de l'entreprise, un aïeul).

Parfois, le déclencheur est face à vous : une personne qui vous fait peur par exemple.

   Ce qui est plus difficile, c'est lorsque le déclencheur est **intériorisé**, mentalisé. Car il n'y a pas de risque à se trouver en maillot de bain sur une plage ou même de prendre un ascenseur ! La crainte, l'angoisse est ici irrationnelle, parfois même inexplicable pour la personne elle-même. Mais l'inquiétude est là.

SURMONTEZ L'ANXIÉTÉ

Listez les situations anxiogènes que vous redoutez et essayez d'imaginer comment vous pourriez mieux les vivre en vous appuyant sur les conseils donnés dans cet ouvrage. Si la situation est complexe, faites-vous aider par un spécialiste.

COMMENT DISTINGUER PEUR, ANGOISSE, ANXIÉTÉ ?

L'anxiété est caractérisée par l'attente d'un danger imminent et indéterminé, accompagné de peur, de malaise et d'un sentiment d'impuissance.

On appelle **peur**, un état dont l'objet est bien connu du sujet.

Il est classique de réserver à l'**angoisse** les formes les plus graves de l'anxiété.

Découvrez l'intelligence émotionnelle

Sachez utiliser vos émotions et vos sentiments pour atteindre vos objectifs

L'intelligence émotionnelle (ou IE) est la capacité d'une personne à mobiliser ses compétences, ses aptitudes, ses connaissances pour faire face efficacement aux pressions de son environnement.

UN APPRENTISSAGE TOUT AU LONG DE LA VIE

Aussi n'est-il pas question d'imaginer des cours d'IE. Elle se développe tout au long de la vie, avec, pour champ d'expérimentation et de croissance, le quotidien. Cela ne fait guère plus de vingt ans que nous l'avons découverte en France, notamment grâce à Daniel Goleman. Différents signaux nous étaient parvenus des États-Unis, en particulier avec **les intelligences multiples : intelligences musicale, kinesthésique, relationnelle...**

TOUT UN MONDE D'INTELLIGENCES

Or ce concept bat en brèche l'organisation de notre système éducatif, qui accorde une grande importance à la langue française et aux mathématiques et fonctionne sur la base de l'apprentissage individuel, de la compétition, du cloisonnement.

Le monde de l'éducation s'est donc trouvé fort dérangé par l'avènement des intelligences multiples, auxquelles il a fallu du temps pour s'imposer. Non que la maîtrise de la langue et les compétences logico-mathématiques ne soient pas importantes dans le développement de l'individu. Mais elles ne doivent pas se faire au détriment des autres intelligences.

À diplôme égal, à connaissances égales, l'IE fait la différence. Son absence explique bien des difficultés, voire des échecs.

Tel brillant élève d'une grande école échoue dans un poste de management, telle responsable de communication est en souffrance dans son poste, tel enfant considéré comme un bon élève se met à perdre pied arrivé au lycée ou à l'université.

Alors, faites le point : où en êtes-vous de votre IE ?

Évaluez
votre propre IE

**Voici une autoévaluation qui vous aidera
à renforcer votre intelligence émotionnelle.**

Répondez le plus honnêtement et le plus spontanément possible. Rappelez-vous que personne à part vous ne peut tirer profit de ce travail.

AUTO-DIAGNOSTIC

☐ **Je sais dire aisément** que quelque chose ne va pas.

☐ **J'arrive facilement** à maîtriser ma colère.

☐ **Je suis sensible** aux injustices et j'ai envie de réagir.

☐ **J'arrive à percevoir** facilement ce qu'une personne ressent en face de moi.

☐ **Je parle facilement** de mes inquiétudes.

☐ **Je prends facilement la parole** en public sans que le trac ne me paralyse.

☐ **Je sais faire face** paisiblement et gérer une personne agressive.

☐ **Je reste serein** et courtois lorsque mon interlocuteur n'est pas d'accord avec moi.

☐ **Je peux aisément parler** de moi devant des inconnus.

☐ **Je suis capable de dire non.**

☐ **Je reste calme** même si tout mon entourage est agité, énervé.

☐ **Je gère bien la pression** et je sais prendre mon temps quand je fais quelque chose.

☐ **Lorsqu'une émotion monte,** je sais bien repérer les déclencheurs et les réguler.

☐ **Je supporte facilement** un silence qui s'installe.

☐ Je suis très touché quand je vois quelqu'un souffrir, pleurer.

☐ **J'aime le travail en équipe** et je prends des initiatives en son sein.

☐ **J'aime les changements** qui bousculent la routine.

☐ **Dans les moments difficiles,** je suis convaincu que les choses s'arrangeront.

☐ **Face à une décision délicate,** je sais faire la part des choses entre factuel et affectif.

☐ **J'accepte les échecs** car ce sont de bonnes occasions pour moi de progresser.

Pour **très souvent :** inscrivez 3 points, **assez souvent :** 2 points, **rarement :** 1 point, **jamais :** 0 point. Pour l'analyse de vos résultats, voir la fiche suivante.

Analysez votre intelligence émotionnelle

Voici l'analyse des résultats du test précédent (voir règle 37).

• Si votre résultat est supérieur à 50 points.
Votre IE est particulièrement bien développée...
Mais n'oubliez pas que c'est une autoévaluation !
Faites-vous évaluer par d'autres et comparez ensuite leurs réponses aux vôtres.

• Si votre résultat est compris entre 40 et 50 points.
Votre IE semble plutôt bonne. Repérez néanmoins les affirmations auxquelles vous avez attribué une note 0 ou 1 pour travailler sur votre plan d'action.

• Si votre résultat est compris entre 25 et 39 points.
Vous obtenez un score moyen. Vous allez aisément trouver des pistes de développement et pouvoir

commencer à travailler en suivant les conseils donnés dans la règle suivante.

• **Si votre résultat est inférieur à 25 points.**
Il semblerait que vous ayez beaucoup de progrès
à faire pour pouvoir vous appuyer efficacement
sur votre IE Utilisez ce livre pour affiner votre
plan d'action.

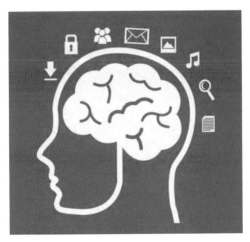

Définissez votre plan d'action

Comme vous l'avez bien compris, développer son intelligence émotionnelle est à la portée de tous.

Néanmoins, pour déterminer vos axes prioritaires de développement, il faut étudier attentivement vos scores 0 et 1.

• **Ces scores sont axés sur le développement de soi,** si vous manquez de confiance en vous, si vous avez des difficultés à vous affirmer, à maîtriser vos émotions. Ils sont orientés sur le développement de la relation, si vous avez du mal à travailler avec les autres, à écouter et comprendre autrui, à coopérer,...

• **Ils sont centrés sur la gestion du stress si vous avez du mal à faire face aux changements,** à la pression du temps, si les manifestations émotionnelles vous paralysent.

• **Ces scores supposent de développer la pensée positive si vous êtes toujours négatif,** insatisfait, déçu.

Mettez-vous à l'écoute des émotions des autres !

Vous devenez plus familier avec vos émotions ? Vous arrivez à mieux en maîtriser les effets déstabilisants ?

Sachez qu'en vous mettant à l'écoute des émotions de votre entourage, vous améliorerez encore la qualité de vos relations.

• **Comprendre que la colère de ce frère à qui vous n'avez pas souhaité son anniversaire** exprime en fait sa peur de ne plus compter vous évite de réagir par l'agacement ou l'agressivité.

• **Découvrir que c'est la peur de ne pas être à la hauteur qui pousse votre collègue à l'agressivité** envers vous, et non un sentiment de supériorité, vous permettra d'envisager les choses autrement.

Maintenant que vous avez réussi à mieux vous connaître, mettez-vous à l'écoute des autres !

Perfectionnez vos relations interpersonnelles

Vous avez maintenant de nombreux ingrédients entre les mains.

- **Vous savez nommer les émotions,** comprendre les comportements qu'elles peuvent engendrer.
- **Vous connaissez leur pouvoir sur vous.**
- **Vous avez compris qu'il vaut mieux chercher ce qui se cache** derrière les comportements pour mieux gérer les relations.
- **Vous êtes donc comme un cuisinier** qui aurait réuni tous les ingrédients pour mijoter un bon plat.

   Il va maintenant vous falloir trouver le bon dosage. Avoir de bonnes relations, ce n'est pas tout accepter de l'autre parce qu'il a peur ou qu'il a de bonnes raisons d'être en colère. C'est montrer que vous avez compris ce qui est vécu, **chercher des solutions positives tout en affirmant votre assertivité.** Que veut dire ce mot ? Passez à la règle suivante !

Cultivez votre assertivité

L'assertivité est votre capacité à vous affirmer, à dire clairement ce que vous vivez, ce que vous ressentez, ce que vous voulez et ce que vous refusez, dans le respect de l'autre.

Si vous êtes assertif, vous renoncerez aux comportements décrits ci-dessous.

CLAIRE DEMANDE DE L'ARGENT À MARTINE

Claire est assez dépensière et elle sollicite sans cesse son entourage.

Aujourd'hui, elle demande à Martine de lui prêter 200 € qu'elle lui rendra « le plus vite possible ». Martine lui fait remarquer qu'elle devrait surveiller ses dépenses, que ce n'est pas une manière de vivre et conclut en disant : « Si tu n'as pas trouvé une autre solution, je verrai. » En fait, Martine a choisi la fuite et la critique. Elle aurait pu simplement lui faire part assertivement de son refus.

FABIEN ET LA VOITURE DE SON PÈRE

Fabien voudrait utiliser la voiture de son père ce week-end. Il sait que celui-ci est d'autant plus réticent à la lui prêter que Fabien a accroché le véhicule la dernière fois.

Chose fort rare, il propose alors à sa mère de l'emmener samedi faire des courses au centre commercial en précisant qu'ensuite il aura sans doute des amis à voir. Il la charge de demander les clés de la voiture ! Fabien agit ici en manipulateur. Il poursuit un but caché : éviter de parler à son père et d'essuyer un éventuel refus !

Il aurait pu assertivement lui parler, prendre des engagements, essayer de le convaincre.

ALICE S'EMPORTE
FACE À SA SUPÉRIEURE HIÉRARCHIQUE

Alice redoute que sa responsable hiérarchique, assez autoritaire, lui demande à nouveau de prendre la permanence du samedi pour la quatrième fois ce trimestre, alors qu'ils sont six collègues dans l'équipe. Elle est bien décidée à faire valoir ses arguments, à rappeler qu'elle est certes jeune et célibataire, mais qu'elle a néanmoins une vie privée.

Aussi, à peine rentrée dans le bureau de sa chef, alors que celle-ci n'a même pas ouvert la bouche, Alice se lance dans un discours véhément, protestant du fait que les corvées sont toujours pour elle, qu'elle n'est pas là pour faire le travail des autres ! Stupéfaite, sa chef lui demande de quitter son bureau en précisant qu'elles reprendront la discussion plus tard. Alice a malheureusement opté pour l'agressivité, pas pour l'assertivité !

Elle aurait pu se contenter d'exposer tranquillement ses arguments, de faire part de son refus au nom d'une répartition équitable des tâches, et d'engager le dialogue.

Vous avez compris le mécanisme. Alors entraînez-vous dès demain aux comportements assertifs !

Maîtrisez la gestion de votre temps

Vous vous demandez sans doute si je me suis trompé de livre... Non, je vous rassure !

S'il est question ici de temps, c'est parce qu'il est largement impliqué dans les mécanismes émotionnels.

DURÉE ET ÉMOTIONS

Nous avons vu qu'une émotion se caractérise par un déclenchement rapide et une durée limitée. Nous vous avons aussi donné quelques conseils quant à **la manière de gérer votre temps lorsque vous êtes en proie à une émotion**.

• Ne pas envoyer trop rapidement un mail **quand on est en colère**.

• Éviter de passer ses soirées à préparer le travail du lendemain **parce qu'on a peur**.

• Ne pas se morfondre durant des heures dans **une tristesse qui n'est que passagère**...

Il n'y a pas de recette de gestion du temps dans la maîtrise des mécanismes émotionnels.

VOUS DEVEZ TRAVAILLER « À LA CARTE ».

• **Si vous êtes impulsif, coléreux,** vous devrez apprendre à «étirer» le temps, à différer vos actions.
• **Si vous êtes craintif, anxieux,** vous allez au contraire devoir «compresser» le temps, décider de passer à l'action, faire face aux situations sans tourner autour du pot.
• **Si vous avez peur de manquer de temps dans la journée,** vous laisserez des plages vides dans votre agenda de manière à pouvoir faire face sans stress aux imprévus.
• **Si vous êtes du genre joyeux et peu structuré,** vous devrez au contraire préparer votre *« to do list »* le matin et la vérifier régulièrement en cours de journée pour vous éviter les émotions fortes de dernière minute. À moins bien sûr que vous ayez besoin d'elles pour travailler !

Maintenant, c'est à vous ! En fonction de vos méca-nismes émotionnels dominants, détermi-nez comment vous pouvez jouer avec le temps pour fonctionner au mieux.

Parlez de vos émotions au travail

Bien sûr, on peut parler des émotions que l'on vit au travail, il est même conseillé de le faire !

Même dans le cadre professionnel, vous savez combien la dimension émotionnelle peut dépasser la rationalité des comportements.

• **Vous avez été blessé par une remarque** que vous estimez déplacée, faite par l'un de vos collègues.

• **Votre supérieur hiérarchique vous a reproché de façon injustifiée des manquements professionnels.** Lorsqu'il prend connaissance de vos arguments, il admet s'être trompé et ne s'excuse pas.

• **Faites-leur part de ce que vous avez ressenti,** il est important qu'ils sachent l'impact de leurs propos ou de leurs attitudes.

• **Vous leur en parlerez avec du recul, à froid,** pour éviter toute agressivité.

Dans la vie professionnelle comme dans la vie privée, les émotions doivent être prises en compte ; cela fait partie de la qualité de vie au travail.

Identifiez vos sources de stress

La meilleure parade, c'est l'anticipation
et la compréhension des mécanismes
qui se mettent en place.

Quels sont les sources de stress qui vous
handicapent ?
• L'impression qu'il vous manque quelque chose
avant de partir au travail.
• Un collègue qui vous impressionne.
• L'idée de devoir prendre la parole dans les
réunions de service.
• Monter dans une rame de métro bondée.
• Devoir répondre au téléphone alors que vous
êtes en train de parler à un client.
• Croiser des animaux errants quand vous faites
votre jogging.

Ce ne sont que des exemples. C'est à vous
d'identifier vos stress potentiels : au travail ou à
l'école, dans la vie quotidienne, avec les autres.

RÈGLE 46

N'hésitez pas à vous faire accompagner

Vous avez le sentiment de piétiner et vous êtes pourtant bien décidé à changer les choses.

Vous avez identifié les émotions qui vous troublent et parfois même vous empoisonnent la vie. Vous vous êtes entraîné régulièrement en vous appuyant sur les conseils, les exercices qui vous sont proposés ici… **et vous êtes insatisfait du résultat.**

VOUS AVEZ BESOIN D'ÊTRE AIDÉ

Certes, et particulièrement chez la gente masculine, on répugne à aller travailler avec un thérapeute, un psychologue, en craignant d'être assimilé à quelqu'un qui est malade, voire fou. Sans compter les images d'Épinal du patient allongé sur le divan, engagé dans une cure

analytique sans fin, accompagné par un psy som-
nolent qui lui prête une oreille distraite.

UNE AIDE MULTIPLE ET VARIÉE

Il va donc falloir abandonner vos idées reçues.
**Il existe de nombreuses démarches d'accompa-
gnement,** depuis le coaching jusqu'aux thérapies
brèves, en passant par l'analyse transactionnelle,
l'analyse jungienne, l'hypnose ericksonnienne ou
encore les thérapies cognitives et comportementales, qui gagnent du terrain depuis quelques années.

COMMENT S'Y PRENDRE ?

• **Prenez le temps de vous documenter** sur ces
différentes approches, de manière à identifier celle
qui vous semble convenir le mieux à votre besoin.
• **Consultez ensuite les sites Web des organisations
et fédérations professionnelles pour approcher
des praticiens** qui offrent des garanties en termes
de formation et de déontologie.
• **Et enfin, n'oubliez pas :** après une ou deux
séances, si vous ne vous sentez pas à l'aise, vous
pouvez parfaitement décider de rencontrer un
autre professionnel !

Apprenez à accepter les échecs

Rien n'est plus relatif que la notion d'échec car nous avons tous des niveaux d'exigence, des valeurs et des systèmes de croyance différents.

Ce qui est échec pour vous n'est qu'une simple étape avant de rebondir selon un autre.

L'ÉCHEC EST UNE EXPÉRIENCE DE VIE

Il est normal et plutôt sain d'avoir parfois la crainte d'échouer. Mais ne laissez pas cette peur vous paralyser et vous empêcher de tenter des expériences, vous freiner dans vos projets. **Soyons clairs : vous ne pourrez pas traverser la vie sans rencontrer d'échecs,** sauf à ne rien faire et ne rien tenter.

Vous pourrez vivre ces échecs comme des catastrophes, mais apprenez plutôt à les considérer comme des temps d'apprentissage, des situations dont vous pourrez tirer des leçons pour progresser et aller beaucoup plus loin. **C'est à vous de décider qu'un échec ne vous arrêtera pas sur votre chemin.**

L'échec peut d'ailleurs vous apprendre des choses sur vous-même, vous permettre de découvrir des forces insoupçonnées, trouver une nouvelle motivation, faire évoluer votre projet. Prenez le temps d'en faire une analyse objective.

> **MON CONSEIL**
> Accepter et apprendre de ses erreurs est la clé pour réussir dans la vie.

EXERCICE PRATIQUE

Tracez deux colonnes.

• Distinguez sur une colonne les faits, les éléments objectifs que vous décrirez comme le ferait un observateur extérieur.

• Distinguez sur l'autre colonne les ressentis, les émotions comme la colère d'avoir échoué, la tristesse et le sentiment de ne pas être à la hauteur, la peur qui parfois n'a pas permis d'aller jusqu'au bout de l'expérience...

• À partir des seuls éléments objectifs, travaillez sur un plan d'action pour transformer cet échec provisoire en une belle réussite.

• N'oubliez jamais que les grandes réussites, les idées les plus innovantes sont nées après un échec, voire même une série d'échecs !

Protégez-vous du burn-out

On appelle burn-out un syndrome d'épuisement professionnel caractérisé par une fatigue physique et psychique intense, générée par des sentiments d'impuissance et de désespoir.

Depuis une dizaine d'années, il est beaucoup question de bien-être au travail, d'épanouissement dans la vie professionnelle.

LES MAUX DU TRAVAIL

Mais derrière cet idéal, qu'il est parfois possible d'atteindre, se cachent aussi le stress, la souffrance, le harcèlement, et toutes les difficultés liées au travail dans les grandes métropoles (temps de transport, inconfort, qualité de l'habitat...), des réalités moins souriantes qui concernent à des degrés divers des millions de personnes.

Le burn-out ou syndrome d'épuisement professionnel est plus particulièrement rencontré chez ceux qui pratiquent les métiers d'accompagnement et d'aide : avocats, personnel soignant, bénévoles qui ont du mal à maîtriser l'émotionnel très présent dans leurs métiers.

SE PROTÉGER SOI-MÊME

Les grandes entreprises sont tenues de mettre en place des dispositifs visant à prévenir les risques psychosociaux. Mais le premier acteur concerné, celui qui doit mettre en place son propre système de prévention, c'est vous !

• **Sachez résister** lorsque c'est nécessaire **à la pression** qui règne dans votre activité.

• N'hésitez pas à reporter au lendemain une activité qui risque de vous priver d'une soirée de loisir.

• N'annulez pas aisément vos jours de repos.

• **Sachez dire non** si vous sentez que vous atteignez vos limites.

Migraines, crises de larmes, insomnies, douleurs abdominales le matin en arrivant au travail, autant de symptômes qui doivent donner l'alerte.

Lorsque le désinvestissement professionnel et le sentiment d'incompétence arrivent, que les émotions envahissent le comportement quotidien, il est déjà trop tard ! Réagissez et consultez avant.

RÈGLE 49

Pratiquez l'entraînement « antistress »

Maintenant que vous connaissez vos sources de stress, il vous devient possible d'anticiper au quotidien un certain nombre de situations.

Cela vous évitera de ressentir les effets inhibants du « mauvais » stress et vous permettra d'utiliser le « bon » stress, celui qui vous aide à être plus efficace.

• **Pour éviter d'arriver en retard au travail :** mettre le réveil chaque jour 15 minutes plus tôt de manière à prendre une marge de sécurité.

• **Pour éviter de partir en week-end en oubliant quelque chose :** vous pouvez créer une *« to do list »* en notant tout ce dont on peut avoir besoin.

• **Pour éviter de prendre l'ascenseur,** si cela vous angoisse : penser à arriver un peu plus tôt à un rendez-vous chez un client et opter pour les escaliers.

Repartir des règles précédentes pour créer votre propre programme « antistress ».

Bien vivre ses émotions : une hygiène de vie !

Vivre de manière équilibrée, c'est à la fois se préoccuper de son rythme de vie, de son bien-être physique, mais aussi de sa vie émotionnelle.

• **Vos émotions sont utiles :** elles vous alertent, elles donnent une couleur à votre vie affective et relationnelle. **Vivez-les comme des amies, des alliées. N'hésitez pas à parler de ce que vous ressentez,** à vous affirmer assertivement.
• **Ne vous laissez plus submerger par les impulsions négatives**, par un stress inhibiteur. Vous avez les moyens de reprendre le contrôle et de vous appuyer sur votre intelligence émotionnelle pour faire face avec succès aux contraintes, aux pressions de votre environnement.

Alors, n'hésitez pas à relire régulièrement les règles d'or les plus adaptées à votre vie intérieure et... Bon plan d'action !

L'auteur

Jean-Yves Arrivé, coach et consultant Ressources Humaines

• Fondateur et gérant de Co-Acting ; membre accrédité, titulaire de la SFCoach ;

• Auteur de plusieurs ouvrages sur le coaching, les émotions, la formation et le développement des compétences dont *Les 50 règles d'or de l'entretien d'embauche*, « Mini », Larousse ;

• Enseignant durant 15 ans à l'université de Paris-X, Paris-XIII, au Celsa. Psychologue et titulaire 3e cycle Ressources Humaines.

Dans la même collection

Les 50 règles d'or pour
ne pas stresser

Helen Monnet

Les 50 règles d'or pour
lâcher prise

Laurence Dujardin

Jean-Yves Arrivé

Les 50 règles d'or
**de l'entretien
d'embauche**

LES MINI LAROUSSE